Dr. Setondji Gilles Natachar GLELE

Les deux ailes de la grâce de Dieu

Dr. Setondji Gilles Natachar GLELE

Les deux ailes de la grâce de Dieu

Éditions Croix du Salut

Imprint

Cover image: www.ingimage.com

Publisher:
Éditions Croix du Salut
is a trademark of
Dodo Books Indian Ocean Ltd. and OmniScriptum S.R.L publishing group

120 High Road, East Finchley, London, N2 9ED, United Kingdom
Str. Armeneasca 28/1, office 1, Chisinau MD-2012, Republic of Moldova, Europe
Printed at: see last page
ISBN: 978-620-6-16841-6

PREFACE

Je dédie ce livre à toute personne, quel que soit sa race ; son sexe ; sa nationalité ou ses convictions cultuelles et culturelles, nourrissant l'appétit d'élargir sa connaissance sur des sujets relatifs à la vérité biblique et est animée du désir curieux d'expérimenter la véritable liberté par le moyen de la connaissance de la vérité.

Je prie que le Saint-Esprit vous rencontre pendant que vous lisez ce livre. Qu'il comble votre attente et que vous ne soyez plus jamais la même personne après cette aventure littéraire.

Nous bénissons Dieu qui a souverainement élevé son Fils unique, notre seigneur et sauveur personnel, par qui nous recevons la grâce d'avoir part à l'héritage des saints dans la lumière ; l'Esprit de sagesse et de révélation dans sa connaissance par lequel, nous sommes scellés pour le jour de la rédemption.

Nous nous unissons à vous pour une marche objective et fructueuse à la découverte de la compréhension selon le cœur de Dieu sur les informations relatives au mystère des deux ailes ou dimensions opérationnelles de la grâce de Dieu.

Pendant que j'écrivais ce livre, c'était comme si vous et moi, lors d'une balade, parlions face à face.

Je peux vous assurer que le contenu de ce livre est très efficace et éclaireur, de sorte qu'en le lisant simplement d'un bout à l'autre, le cœur ouvert et sincère, vous serez vraiment délivré de votre ignorance relative au cafouillage qui entoure les multiples interprétations que font objet les saintes écritures de nos jours.

Que vous soyez : Catholique ; protestant ; pentecôtiste ou ayant tout simplement la Bible en partage ;

Sachez que cet ouvrage vient à point nommé en réponse aux exigences des derniers temps que nous traversons dans la marche annonciatrice de l'œuvre du Seigneur Jésus Christ et de son avènement pour le festin royal des justes.

Nous profitons de l'occasion pour vous informer que les gens sont incontestablement semblables dans le monde. Ils vivent d'une manière ou d'une autre les mêmes réalités. Ils ont autant que vous, besoin de connaitre ; de comprendre et recherchent à tort ou à raison la même vérité.

C'est pourquoi les œuvres de cette édition, paraissent telle une denrée rare qu'il faudra à tout prix se procurer.

Sommaire :

Introduction

Nous commençons cette étude relative aux deux ailes ou dimensions opérationnelles de la grâce de Dieu par des formules de reconnaissance à l'endroit de celui qui est Seigneur sur toute chair ; le Père des esprits, et qui de toute sa souveraineté a décidé de nous accorder à nouveau le privilège de porter comme des ambassadeurs, le dépôt de sa parole, laquelle est lui-même et témoigne de son attachement au salut de l'âme des croyants à partir des riches révélations assorties de ses conseils impérissables et puissamment édifiants.

Oui, il a décidé de les faire passer par nos soins comme des vases de terre récupérés et apprêtés pour des missions comme celles-ci de manière à ce que la gloire des résultats soit attribuée non à nous qui ne sommes que de simples instruments, mais à lui et à lui seul, qui fait au delà de ce que nous pensons et imaginons.

C'est pourquoi, l'intérêt de ladite mission consistera à présenter à nos différents lecteurs, un riche contenu de développement sur le mystère bidimensionnel qui se cache derrière la grâce de Dieu et qui pendant tout le temps est resté un sujet tellement difficile aux croyants à aborder à cause de manque de révélation dont seul l'Eternel à travers son Saint-Esprit est pourvoyeur et en fait don comme il veut et à qui il veut.

Il nous a ainsi fait l'honneur de faire partir de ceux qui ont reçu ce privilège de traduire ses pensées non par notre propre sagesse, mais l'inspiration dont il reste le maître absolu et le détenteur de tous les conseils qui entourent son exercice.

Et c'est sur ces quelques mots que nous vous embarquons pour l'une des aventures littéraires les plus édifiantes comme il est de notre coutume pour que la fin soit véritablement à la hauteur des exigences de nos différents lecteurs en particulier, et en général de tous ceux et celles de proche ou de loin qui croiseront cet ouvrage que nous considérons comme un trésor très important et très utile pour enrichir leurs bibliothèques.

Ceci étant, nous n'allons pas pouvoir aborder le premier chapitre de notre développement sans au préalable, assayer de donner quelques aperçus de type définitionnel sur le mot grâce laquelle représente d'ailleurs l'intérêt de toutes nos réflexions.

Chapitre : 1

Généralité biblique sur la grâce divine.

Nous commençons le développement de ce chapitre relatif à la généralité biblique sur la grâce divine laquelle d'ailleurs est le premier de notre étude, et à cet effet, nécessitera de notre part, plus d'investissement dans le but de planter le décor d'un travail réussi et motivé par l'envi de s'informer davantage.

Ceci étant, nous n'allons pas pouvoir aborder ce premier chapitre sans au préalable, assayer de donner un aperçu de type définitionnel sur le mot grâce laquelle représente d'ailleurs l'intérêt de toutes nos réflexions.

Il faut souligner que le mot grâce dans son usage, revêt plusieurs aperçus de type définitionnel lesquels pouvaient varier d'un contexte à un autre.

La grâce en un premier temps revêt le caractère légal, ce qui fait d'elle une loi en elle-même, et en tant que telle, contribue à la gestion de la cité et les relations de divers ordres entre les humains.

Elle relève du domaine de l'esprit quoique continuellement présente dans le quotidien des humains afin d'équilibrer l'influence des droits sur les devoirs au sein de la société humaine.

Elle touche à cet effet, la conscience humaine pour la culture de l'amour et de l'acceptation de son prochain malgré les différents auxquels les hommes sont généralement exposés et qui font parfois appel à leur sens d'animosité, ce qui est tout à fait normal.

La grâce en tant que loi, est très peu connue des humains en général et des croyants en particulier et nécessite à cet effet, d'occuper davantage les conseils de réflexion susceptibles d'outiller et d'équiper les humains face à l'ignorance qui pèse lourdement sur ces sujets de grands intérêts et d'importance très capitale.

Il faut ajouter que d'après les révélations divines, la grâce en tant que loi, correspond à la loi de la liberté et nous prendrons le soin d'y revenir pour plus d'éclaircissement.

Réf bibliques: Romains : 8 V 2 ; 1 Corinthiens : 10 V 23 - 26 ; Galates: 5 V 1.

En effet, la loi de L'esprit de vie en Jésus-Christ m'a affranchi de la loi du péché et de la mort.

Tout est permis, mais tout n'est pas utile ; tout est permis, mais tout n'édifie pas.

Que personne ne cherche son propre intérêt, mais que chacun cherche celui d'autrui.

Mangez de tout ce qui se vend au marché, sans vous enquérir de rien par motif de conscience ;

Car la terre est au Seigneur, et tout ce qu'elle renferme.

C'est pour la liberté que Christ nous a affranchi. Demeurez donc fermes, et ne vous laissez pas mettre de nouveau sous le joug de la servitude.

Ainsi, du contenu des versets ci-dessus, nous pouvons constater l'usage de plusieurs types de formulations de la grâce en tant que la loi de la liberté ou encore la loi de l'esprit de vie par les soins des apôtres qui déjà en faisaient l'expérience.

Toutefois, nous n'allons pas nous arrêter sans ajouter d'autres écrits susceptibles de confirmer cet aspect légal de la grâce.

Réf bibliques : Jacques : 1 V 25 ; 2 V 12.

Mais celui qui aura plongé les regards dans la loi parfaite, et qui aura persévéré, n'étant pas un auditeur oublieux, mais se mettant à l'œuvre, celui-là sera heureux dans son activité.

Parlez et agissez comme devant être jugés par une loi de liberté,

Car le jugement est sans miséricorde pour qui n'a pas fait miséricorde. La miséricorde triomphe du jugement.

De ce contenu ci-dessus, l'accent sera encore mis sur une loi qui tantôt sera qualifiée de celle de liberté et tantôt parfaite impliquant la miséricorde, et n'est rien d'autre que l'extension de la grâce en tant que loi.

Et ce sera sur ces quelques mots que nous mettons un terme à l'aperçu sur le mot grâce en tant que loi.

Et puisqu'il n'y a de premier sans deuxième, nous aurons dans un second temps l'aperçu sur la grâce en tant que pouvoir.

Pour ce qui est du concept de pouvoir de la grâce en tant que loi, il faut rappeler que toute loi en elle-même n'est que intelligible et précisément spirituelle, ce qui nécessite l'implication d'un être ayant le mouvement pour son utilité, autrement elle reste morte et sans d'aucune utilité quoique bien pensée et assortie de très bonnes réflexions.

Elle devient à cet effet, un pouvoir dans son exercice et celà entre les mains de celui ou celle qui est appelée à en faire usage.

Et comme nous l'avions précédemment évoqué, il n'y a ni de mauvaise ni de bonne loi, mais de mauvais appliquants encore qu'ici il s'agit de la loi de la liberté laquelle nécessite de bonnes dispositions pour s'assurer de son intérêt.

Ainsi la grâce telle que loi de liberté, d'amour et de miséricorde peut toutefois produire l'inverse ou le contraire de toutes ces valeurs et occasionner la perte en lieu et place du salut ; de la mort en lieu et place de la vie, et tout dépend des motivations qui sous-tendent sa sollicitation.

Et comme à notre habitude, nous n'allons pas manquer de dégager quelques contenus des saintes écritures pour corroborer notre développement.

Réf bibliques : Jean : 8 V 7 - 10

Comme ils continuèrent à l'interroger, il se releva et leur dit : Que celui de vous qui est sans péché jette le premier la pierre contre elle.

Et s'étant de nouveau baissé , il écrivait sur la terre.

Quand ils entendirent celà, accusés par leur conscience, ils se retirèrent un à un, depuis les âgés jusqu'aux derniers ; et Jésus resta seul avec la femme qui était là au milieu.

Alors s'étant relevé, et ne voyant plus que la femme, Jésus lui dit : Femme, où sont ceux qui t'accusaient ?

Personne ne t'a t'il condamné ?

Elle répondit : Non, Seigneur. Et Jésus lui dit : je ne te condamne pas non plus : va, et ne pèche plus.

Le contenu des versets ci-dessus, constitue l'extrait d'une scène mettant à profit l'intérêt de la grâce en tant que pouvoir apprêté pour la prise d'une décision.

Et pour rappel, il s'agira du cas d'un sujet reconnu légalement fautif, c'est à dire coupable et passible de sanction appropriée.

Ce sujet en la personne de la femme d'après les écritures allait se faire conduire par un groupe d'individus au pied du seigneur Jésus non pas forcément pour valider sa culpabilité, mais pour essayer de trouver à ladite occasion, des moyens d'accuser ce dernier qui d'après eux n'était pas le bienvenu au milieu d'eux, et pourtant, ce serait la rencontre du salut pour cette femme légalement reconnue coupable.

Il faut dit qu'il y a plusieurs enseignements à promouvoir de cette petite histoire apparemment illustrative toutefois, nous allons faire l'effort de maintenir notre angle d'étude afin de communiquer sur l'essentiel à retenir.

Le seigneur Jésus, qui est un bon sachant de la loi et ce qu'elle représente pour leur culture et la vie de leur communauté, devrait enfoncer le clou d'accusation afin de sceller définitivement le sort de la dame pour son exécution, d'après l'attente de ceux qui l'avait conduit à lui.

Mais malheureusement pour eux et heureusement pour la femme, le seigneur Jésus à la grande surprise des uns et des autres fera l'usage d'une loi qui se révélera si puissante ; si juste et si correcte pour fermer la gueule à tout accusateur opérant dans une conscience impure et non affranchie.

Et c'était le cas de ceux qui avaient amené la femme devant le seigneur dans l'intention de procéder à son exécution.

Le seigneur Jésus allait faire usage de la loi de liberté de son vrai nom, la grâce en ce moment précis pour les confondre au miroir de leurs propres consciences et pour arracher la vie de la femme de la voie de la perdition sur laquelle ses accusateurs l'avaient conduite.

C'est le lieu de souligner que l'aspect le plus important en vue comme leçon à tirer dans cette histoire est la capacité de cette loi dans son usage à pouvoir la vie en lieu et place de mort ; le salut en lieu et place de la perdition.

Il sera constaté que durant le ministère terrestre du seigneur Jésus, il n'avait fait que l'usage de cette loi méconnue de plusieurs des croyants surtout ceux de cette époque à qui il n'était pas donné d'avoir accès à cette dimension divine qu'incarnait le seigneur Jésus lui-même et était la véritable nature de la grâce.

Son usage devra occasionner assez de conflits avec les religieux en occurence, les chefs qui se réclamaient les gardiens de la loi de Dieu sans jamais connaître l'esprit de la loi avant de comprendre son intérêt au service des humains.

Ainsi, la grâce en tant que loi devient un instrument ou une arme entre les mains de tout individu qu'il soit conscient ou pas pour la gestion de sa vie relationnelle avec son entourage immédiat ou toute personne avec qui il pouvait être lié par des intérêts de toute nature et qui devra exiger son indulgence.

La grâce est au service des humains tant dans la société classique que celle impliquant leur relation avec Dieu et appelle continuellement à la conscience fraternelle et la culture du pardon.

Il faut ajouter que dans le contexte biblique, l'influence de la grâce dans la marche des croyants avec Dieu sous l'ancienne alliance n'avait pas été si accessible au mode de vie de ces derniers comme c'est le cas sous la nouvelle alliance et c'était toutefois la volonté de l'Eternel Dieu lui-même qui avait ainsi décidé l'évolution de sa sagesse au profit des humains en fonction de leur croissance spirituelle et des temps de révélations qu'il s'était fixés de toute sa souveraineté.

Nous avons encore beaucoup de choses à offrir à nos lecteurs dans ce premier chapitre de notre développement et des histoires accentuant l'importance de la grâce au sein des humains en général et les croyants en particulier, mais nous jugeons préférable de marquer l'arrêt maintenant et tout de suite afin de passer au chapitre suivant.

Et ce sera sur ces mots que nous mettons un terme à ce chapitre de notre étude relative au mystère des deux dimensions opérationnelles de la grâce divine.

Chapitre : 2

Origine biblique de la grâce divine.

Pour ce qui concerne le chapitre relatif à l'origine biblique de la grâce, il sera question pour nous de remonter aux premières pages des saintes écritures afin de permettre à nos lecteurs de retrouver la ligne évangélique de la Bible laquelle traduit parfaitement à la pensée et à la vision de l'Eternel Dieu au profit de l'homme qu'il avait créé avec beaucoup de bonnes prédispositions et d'objectivité.

En cela, il convient de souligner sans sortir de notre ligne de développement, que Dieu lui-même s'était pour la toute première fois présenté à l'homme au travers de la loi dont dans le cas d'espèce était juste une déclaration verbale composée à la fois de la loi et de la grâce.

Et ce sera Adam le premier homme créé par Dieu qui aura le privilège de découvrir la loi dans toute son entièreté en qualité de la personne morale , juste et parfaite du Dieu invisible qui allait décider de collaborer et de marcher avec l'homme désormais dans le physique, c'est à dire l'être vivant de la catégorie humaine.

On notera en conséquence ce qui suit :

Réf bibliques : Genèse : 2 V 16 - 17.

l'Eternel Dieu donne cet ordre à l'homme : Tu pourras manger de tous les arbres du jardin ;

Mais tu ne mangeras pas de l'arbre de la connaissance du bien et du mal, car le jour où tu en mangeras, tu mourras.

Ainsi se présente le contenu des versets ci-dessus, lesquels traduisent comme nous l'avions précédemment évoqué, la loi de Dieu dans sa forme complète et déclarative.

Qu'il vous souvienne que nous avions précédemment démontré que la grâce est aussi une loi au même titre que celle qui est connue de tous et qui occupe sous cette appellation, la plupart des sujets la concernant. Ce qui prête même à confusion l'unicité de la loi et de la grâce par rapport à Dieu.

Et pour rappel, nous pouvons notifier ce qui suit :

Réf bibliques : Romains : 8 V 2.

En effet, la loi de l'esprit de vie en Jésus-Christ m'a affranchi de la loi du péché et de la mort.

On aura explicitement et séparément à partir du contenu du verset ci-dessus, les deux lois qui traduisent la personne complète et complexe de Dieu et dont la première selon l'ordre des écritures est généralement qualifiée de la grâce.

On pouvait en conséquence procéder à une forme rétrécie de la lecture en des termes suivants :

En effet, la grâce m'a affranchi de la loi.

Et ce sera l'esprit de la déclaration verbale que Adam avait reçu en tant qu'instructions divines à l'intérieur du jardin d'Eden, lesquelles lui seront transmises sous forme d'ordre.

On notera d'après les saintes écritures que l'Eternel Dieu donna cet ordre à l'homme en guise de ce qui lui revient de droit et de devoir de connaître pour s'assurer une vie descente et paisible à l'intérieur du jardin.

Revenant à présent à notre verset de base tiré du livre de genèse, on constatera à partir de son contenu un ensemble d'instructions divines qui vont s'ouvrir sur deux différents volets lesquels traduiront les deux lois précédemment décrites et qui inspirent respectivement la liberté et l'interdit et encore le droit et le devoir à l'état civil.

Il sera alors question des lois de la liberté et de l'interdit ; la grâce et la loi et enfin, la loi de l'esprit de vie et la loi du péché et de la mort.

Mais pour ce qui nous concerne et fait objet de notre étude, seule la loi de la liberté encore appelée la grâce ou la loi de l'esprit de vie nécessitera notre investissement intellectuel en réponse à la droite ligne de notre travail.

On notera à cet effet que la grâce ou la loi de la liberté ou encore de l'esprit de vie sera donnée à l'homme pour la toute première fois à l'intérieur du jardin d'Eden et aura pour origine biblique, l'Eternel Dieu lui-même.

Et ce sera sur ces mots que nous mettons un terme à l'étude du chapitre relatif à l'origine biblique de la grâce.

Chapitre : 3

Différents types de grâces divines.

Commençons ce chapitre de notre étude par rappel qu'en réalité, il n'existe pas plusieurs types de grâces toutefois, elle aura offert d'après les saintes écritures, deux différents aspects opérationnels dans la relation de Dieu avec les croyants et fera objet de profonde réflexion dans ce chapitre pour plus de visibilité au profit des croyants en général et nos fidèles partenaires de lecture en particulier.

Pour la petite histoire, il convient de rappeler que l'homme que Dieu va créer et placer dans le jardin d'Eden pour des objectifs qu'il s'était lui-même fixés, va faire le choix malencontreux de suivre une voix étrangère à celle de Dieu son créateur, et allait connaître le péché lequel dans un premier temps, traduisait la corruption de l'âme et la mort dans l'esprit humain, ce qui allait occasionner sa séparation d'avec son Dieu.

Celui-ci sera mis hors du jardin parce que désormais incompatible par son état actuel avec la pureté du jardin.

Et puisque l'homme Adam et sa femme Eve portaient déjà en eux les gènes de la procréation conformément à l'envi de Dieu le créateur de les voir se multiplier dans leur espèce et remplir toute la terre, la découverte de leur nature corrompue par la connaissance du péché, ne fera pas obstacle à cette capacité biologique à la différence qu'ils ne pouvaient plus expérimenter une reproduction conforme aux prédispositions originales et divines.

On notera ce qui suit :

Réf bibliques : Genèse : 5 V 1 - 3.

Lorsque Dieu créa l'homme, il le fit à la ressemblance de Dieu.

Il créa l'homme et la femme, il les bénit, et il les appela du nom d'homme, lorsqu'ils furent créés

Adam, âgé de cent trente ans, engendra un fils à sa ressemblance, et selon son image, et il lui donna le nom de Seth.

Ainsi, du contenu de ce verset, on pouvait découvrir clairement la pensée de L'Esprit au travers de ces écrits, en ce qu'au commencement, l'homme avait été créé à la ressemblance de Dieu c'est à dire, selon des dispositions susceptibles de le rendre capable d'accomplir la volonté de Dieu son créateur.

Mais après avoir fait la connaissance du péché et mis hors du jardin et désormais livré à sa propre vie quoique sous l'emprise du malin, auteur de sa chute, il allait commencer par faire des enfants lesquels ne ressembleront plus à Dieu comme ce fut son propre cas à l'origine de la création, mais plutôt à lui, dans sa nouvelle nature corrompue de péché.

Il sera le premier homme de l'existence humaine et avec sa femme à ses côtés auront le privilège d'être la source biologique de l'humanité entière avec une race humaine corrompue dans sa nature et cela dans un processus d'héritage évoluant du père au fils, et d'une génération à une autre.

Réf bibliques : Romains : 5 V 12.

C'est pourquoi, comme par un seul homme le péché est entré dans le monde, et par le péché la mort, et qu'ainsi la mort s'est étendue sur tous les hommes, parce que tous ont péché.

Du contenu du verset ci-dessus, on pouvait noter la victimisation de toute la race humaine par l'acte offensant d'un seul homme, en la personne d'Adam, ce qui implique directement toute naissance biologique dans ce monde des mortels.

Il faut souligner que cet état de chose avait séparé l'homme de Dieu au point même de provoquer sa colère pour la prise de certaines décisions conséquentes, puisque voyant tout son projet sur la vie de l'homme désormais perturbé et remis en cause.

On notera à ce sujet, ce qui suit.

Réf bibliques : Genèse : 6 V 5 - 7

L'Eternel vit que la méchanceté des hommes était grande sur la terre, et que toutes les pensées de leur cœur se portaient chaque jour uniquement vers le mal.

L'Eternel se repentit d'avoir fait l'homme sur la terre, et il fut affligé en son cœur.

L'Eternel dit : J'exterminerai de la surface de la terre l'homme que j'ai créé, depuis l'homme jusqu'au bétail, aux reptiles, et aux oiseaux du ciel ; car je me repends de les avoir fait.

Ainsi ce contenu des versets ci-dessus, nous informe sur l'essentiel de l'état du remord de Dieu et sa décision à l'égard du monde terrestre.

Il faut dire que cette sentence divine sera mise à exécution sauf qu'avec implication d'une légère modification pour empêcher l'extermination totale et entière de tous les êtres vivants comme l'Eternel Dieu avait en un premier temps décidé.

Il sera alors question d'épargner une petite portion de chacun de tous les différents êtres vivants précédemment destinés pour l'extermination dans l'objectif de conserver leurs espèces respectives.

On parlera de l'évènement du déluge lequel entraînera la perte et la disparition sentencieuse d'une grande et importante partie de tous les êtres vivants de la surface de la terre.

Et c'est bel et bien ce qui sera finalement fait et le point capital de cet évènement révélera l'état demeuré corrompu de la petite portion de tous les êtres vivants qui avait été préservée de cette catastrophe.

La vie finira par reprendre peu à peu, après le passage des eaux du déluge, et les humains commenceront par se multiplier à nouveau, mais conservant leur même nature corrompue héritée de leur grand père Adam.

Il faut dire que nous avons beaucoup de choses à dire et à détailler sur cet évènement et sa suite, des choses parfois difficiles à comprendre à cause du manque criard de la connaissance de l'Evangile de plusieurs des croyants, ce qui crée un défaut du Saint-

Esprit en eux pour faciliter le partage des riches révélations et enseignements que regorgent ces différentes pages des saintes écritures.

Et pendant que nous revenons à notre sujet de réflexion, ce changement brutal de Dieu à l'égard de la sentence qu'il avait prise en premier lieu et qui consistera à exterminer tous les êtres vivants y compris les humains et les animaux, correspondrait à la restauration de l'homme victime du péché afin d'éviter de retourner en arrière pour lancer à nouveau la création comme ce fut le cas d'Adam à l'origine.

L'Eternel Dieu, va alors entreprendre de restaurer l'homme dans son projet initial par un processus de son rachat dont il allait définir les contours de son propre chef et dans un temps qu'il va aussi fixer de sa propre souveraineté et nous pouvons le découvrir dans le contenu du verset ci-dessous.

Réf bibliques : Galates : 4 V 4 - 5.

Mais lorsque les temps ont été accomplis, Dieu a envoyé son Fils, né d'une femme, né sous la loi afin qu'il racheta ceux qui étaient sous la loi, afin que nous reçussions l'adoption.

Ceci étant, il revient de normal de savoir que l'Eternel Dieu ne pourra plus absolument rien accomplir en faveur des humains sans passer par l'homme, d'où la nécessité à lui de mettre en place un mécanisme capable de coordonner sa relation avec l'homme malgré la nouvelle nature de celui-ci afin de lui assurer le salut lequel correspondra à sa restauration totale.

Ce mécanisme sera qualifié de sacerdoce ou ministère divin, et aura entre autres pour rôle de conserver à l'homme son statut originel et objectif d'adorateur de Dieu malgré son état, avec des dispositions susceptibles de rendre possible une collaboration de partenariat entre deux sujets de nature entièrement opposée c'est à dire, entre le Dieu incorruptible ; juste ; saint et parfait, et l'homme de nature pécheresse et corrompue, selon que nous avions précédemment souligné que tous les descendants d'Adam de nature pécheresse n'étaient pas exterminés lors du déluge et qu'il était resté un petit nombre lequel avait servi à repeupler après le déluge jusqu'à ce jour toute la terre dont la figure en tête était Noé.

Réf bibliques : Genèse : 8 V 13 - 14, 18 - 19.

L'an six cent un, le premier mois, le premier jour du mois, les eaux avaient séché sur la terre. Noé ôta la couverture de l'arche ; il regarda, et voici, la surface de la terre avait séché.

Le second mois, le vingt-septième jour du mois, la terre fut sèche.

Et Noé sortit, avec ses fils, sa femme, et les femmes de ses fils.

Tous les animaux, tous les reptiles, tous les oiseaux, tout ce qui se meut sur la terre, selon leurs espèces, sortirent de l'arche.

Ainsi, le contenu des versets ci-dessus viennent confirmer le développement des précédents versets, en ce que de toute la population humaine terrestre de l'époque, un reste seulement était épargné par Dieu lui-même comme une semence en vue de relancer la même race adamique pour sa restauration totale et définitive.

Et comme mécanisme pour le projet de la restauration de l'homme, un descendant de la race adamique verra le jour en Egypte dans des conditions particulières lesquelles allaient lui occasionner un privilège de prince égyptien durant son séjour de croissance sur cette terre étrangère, puisqu'il appartiendra au peuple d'Israël réduit en esclavage en territoire égyptien.

Il sera appelé du nom de Moïse, et grandira dans la cour du roi Pharaon exactement comme un prince égyptien et par la force du destin, sera plutard appelé à servir de bras de l'Eternel Dieu pour la libération et la délivrance de tout son peuple de la terre esclavagiste égyptienne.

Réf bibliques : Actes : 7 V 20 - 22.

A cette époque, naquit Moïse qui était beau aux yeux de Dieu. Il fut nourri trois mois dans la maison de son père ;

Et quand il eut été exposé, la fille de Pharaon le recueillit et l'éleva comme son fils.

Moïse fut instruit dans toute la sagesse des égyptiens, et il était puissant en parole et en œuvres.

Nous pouvons découvrir à partir du contenu du verset ci-dessus, un bref aperçu sur la vie de Moïse, le personnage dont on n'aura besoin pour la suite de notre développement.

Ainsi Moïse, en tant que juif et descendant de la communauté d'Israël devra se retrouver dans des pétrins sur le territoire égyptien et allait devoir fuir pour sauver sa tête de la colère de Pharaon.

Il finira par devenir berger, ayant à sa charge le troupeau d'un homme à la fille de qui il s'était mariée.

Ainsi, de la maison du roi, il finira par se retrouver derrière les brebis dans la figure du pasteur en vue du projet de Dieu pour la suite qu'il réservait à son peuple qui en ce moment se trouvait en captivité sur le sol égyptien, ce qui traduisait l'état de la vie de péché de l'homme qui avait impérativement besoin du secours d'un plus fort que l'oppresseur pour le délivrer et le libérer.

C'est dans cette perspective soutenue par le plan divin du salut et de la restauration de l'homme, que l'homme Moïse, dans son école de berger, allait faire à sa grande surprise une rencontre époustouflante qui allait le statuer officiellement dans le plan du Dieu de ses pères et son projet à l'endroit du salut de son peuple retenu captif en Egypte.

On notera les détails suivants :

Réf bibliques : Exode : 3 V 1 - 2.

Moïse faisait paître le troupeau de Jéthro, son beau père, sacrificateur de Madian ; et il mena le troupeau derrière le désert, et vint à la montagne de Dieu, à Horeb.

L'ange de l'Eternel lui apparut dans une flamme de feu, au milieu d'un buisson ardent.

Moïse regarda ; et voici, le buisson était tout en feu, et le buisson ne se consumait point.

Ainsi, se présente le détail relatif à la rencontre de l'homme Moïse avec l'ange de l'Eternel, et cela dans une vision qui allait changer une fois pour toute, son histoire.

Dans la suite des saintes écritures, Moïse allait chercher à comprendre davantage ce que représentait ce spectacle si merveilleux puisqu'il s'agira d'un buisson tout en feu et qui ne se consumait point malgré les flammes.

On notera qu'il n'aura pas fini d'exercer sa curiosité, quand une voix inhabituelle sortit du feu pour l'accueillir par des instructions et des directives données, et ce sera la rencontre statuant sa mission de serviteur et plus précisément de prophète de l'Eternel Dieu.

Réf bibliques : Exode : 3 V 10.

Maintenant, va, je t'enverrai auprès de pharaon, et tu feras sortir d'Egypte mon peuple, les enfants d'Israël.

Et ce sera ainsi le mandat de la mission pour laquelle l'Eternel Dieu allait donner une direction particulière à la vie de Moïse depuis les premiers jours de sa naissance jusqu'à se retrouver par la force des desseins de l'Eternel derrière le troupeau dans le rôle du berger, puisqu'un roi ou un prince ne saurait en mesure à mieux de conduire des troupeaux de brebis.

Cependant, il faut rappeler que nous ne sommes pas en train d'étudier la vie de Moïse même si son statut en tant que descendant de la tribu de Lévi, celle que l'Eternel Dieu à l'époque, avait choisi au milieu des douze constituant la communauté d'Israël pour se consacrer à son service dans le ministère qualifié de sacerdoce lévitique et qui reposait sur l'ancienne alliance dudit peuple avec Dieu.

Il faut souligner à cet effet, qu'il sera la figure symbolique de la sagesse de Dieu pour ce qui regarde la relation divine avec la race humaine non régénérée reposant sur le service communément appelé ministère et en conséquence sera celui qui allait porter le choix de l'Eternel pour officialiser les ministères de l'apostolat pour se faire envoyer auprès de Pharaon, et de prophète auprès du peuple captif d'Israël.

Mais en considération de son statut spirituel tiré de la descendance adamique restée jusque-là captive du péché c'est à dire non régénérée, donc en principe impossible de collaborer et d'entretenir une quelconque relation avec le Dieu vivant, juste et très saint, de nouvelles mesures seront prises à cet effet en réponse à la question d'incompatibilité des deux partenaires et le contenu des versets suivants nous aidera à en savoir davantage.

Réf bibliques : Exode : 4 V 2 - 8.

L'Eternel lui dit : Qu'y a-t-il dans ta main ? Il répondit : Une verge.

L'Eternel dit : jette-la par terre. Il jeta par terre, et elle devint un serpent, Moïse fuyait devant lui.

L'Eternel dit à Moïse : Etends ta main, et saisis-le par la queue. Il étendit la main et le saisit et le serpent redevint une verge dans sa main.

C'est là, dit l'Eternel, ce que tu feras, afin qu'ils croient que l'Eternel, le Dieu de leurs pères, t'est apparu, le Dieu d'Abraham, le Dieu d'Isaac et le Dieu de Jacob.

L'Eternel lui dit encore : Mets ta main dans ton sein. Il mit sa main dans son sein ; puis il la retira, et voici, sa main était couverte de lèpre, blanche comme la neige.

L'Eternel dit : Remets ta main dans ton sein. Il remit sa main dans son sein ; puis il la retira de son sein, et voici, elle était redevenue comme sa chair.

S'ils ne te croient pas, dit l'Eternel, et n'écoutent pas la voix du premier signe, ils croiront à la voix du dernier signe.

Ainsi, se présente le contenu de ces quelques versets qui sont d'une importance très capitale pour la suite du développement de notre étude relative aux deux dimensions opérationnelles de la grâce.

En effet, à travers les premières lignes du contenu, on notera un entretien technique que l'Eternel allait engager avec l'homme Moïse et qui sera caractérisé par une sorte de démonstration de force qui prête à le convaincre et lui donner de croire en ce Dieu invisible dont on attend que la voix et qui se réclame même être le Dieu de ses pères et cela en vue de sa confrontation prochaine avec Pharaon aux côtés de qui il avait grandi et dont il était bien placé pour décrire sa colère devant laquelle il fuyait, et sa personnalité en tant que roi et chef suprême à la tête de la première puissance militaire et économique de cette époque.

C'est le lieu de rappeler que l'image du serpent dans ce contexte précis, traduit la puissance de l'Egypte et la force de frappe de Pharaon, et sera la raison pour laquelle l'Eternel décidera en ce moment précis d'engager un travail de démystification de la conscience de Moïse sur la figure du serpent.

Il lui demandera à cet effet de jeter par terre le bâton qu'il avait en main lequel deviendra un serpent devant qui, Moïse fuiera, une manière à Dieu de mettre à nue l'état peureux de son serviteur par rapport à sa connaissance sur le serpent et à travers celui-ci, la personne de Pharaon.

L'Eternel allait lui demander de saisir l'animal par la queue, l'ordre auquel il obéira et le serpent reviendra du bois entre ses mains.

Par cette démonstration, l'Eternel essayait en un premier temps, de faire croire à son serviteur Moïse qu'il était important qu'il prenne conscience qu'il fuyait devant Pharaon pour son choix de transformer le bois en cet animal quoiqu'il soit toujours capable de transformer ce même bois en d'autres types d'animaux plus terrifiants et plus dangereux que le serpent et dans le le même temps, qu'il mettait ainsi la fin du règne de Pharaon entre ses mains pour lui avoir demandé de saisir le serpent par la queue.

Dans un second temps, Moïse devrait changer son regard sur le bois qu'il avait en main, et qu'il avait volontairement cherché pour s'en servir dans le cadre de son nouveau job de berger.

Ce bois à partir de ce moment, était devenu un instrument oint par l'Eternel et consacré à son service au tant que Moïse lui-même.

Mais il y avait aussi que Moïse devrait saisir le serpent par la queue, pour lui signifier qu'ainsi, l'Eternel livrait Pharaon entre ses mains et par la même occasion, mettait par ses mains, la fin au règne de Pharaon, et ce sera les premières leçons à tirer du contenu de ces versets.

Mais l'Eternel Dieu ne s'arrêtera pas en si bon chemin avec sa démarche de récupération de la conscience de son serviteur Moïse.

Ainsi, il lui demandera de mettre sa main dans son sein et de la retirer et le constat sera époustouflant puisque la main de Moïse sera couverte de lèpre blanche comme la neige.

Il sera de nouveau instruit de remettre sa main dans son sein et de la ressortir et désormais ce sera sans lèpre.

L'intérêt de ce deuxième exercise avait pour but d'informer l'homme Moïse son état de péché en ce qu'en son sein lequel traduisait sa nature, régnait le péché symbolisé par la lèpre et qu'il devrait en être conscient afin de se regarder pour irrégulier et immérité concernant le choix de l'Eternel Dieu très saint sur sa personne comme ouvrier dans son service.

Et ce sera l'occasion pour nous de souligner la première dimension opérationnelle de la grâce laquelle correspond à l'onction.

On parlera à cet effet, de l'onction ou la capacité spirituelle ou surnaturelle pourvue par l'Eternel Dieu au profit de ceux qui sont appelés à exercer un ministère divin, encore que dans le cas précis elle devient encore plus importante à partir du moment où ceux qui étaient appelés étaient dans un état spirituel d'incompatibilité relationnelle avec Dieu à cause de leur nature de péché.

L'onction sera une forme d'immunité ministérielle qui aura mission de couvrir le serviteur et de cacher son péché afin de lui offrir une image apparente de sainteté et de pureté reposée sur la capacité souveraine de l'Eternel Dieu à rendre possible ce qui était légalement impossible.

Cet état de chose sera institutionnalisé de sorte que quiconque se retrouvant dans le projet de service divin devrait se conditionner à la consécration ritualiste et cultuelle.

Et c'est d'ailleurs ce que symbolisait l'image de la vision accordée à Moïse dans laquelle le buisson était tout en feu et malgré cela ne se consumait point.

Ce feu symbolisait l'onction dont le rôle n'était pas pour consumer ou détruire le buisson qui était le symbole du serviteur de nature pécheresse, mais pour le protéger, lui offrir un état de pureté et l'aider à combattre toute forme d'adversité dans l'exercice de son ministère.

Il faut dire que ces passages des saintes écritures regorgent tellement de révélations et d'enseignements lesquels nous imposent de la prudence afin de ne sortir de notre cadre d'études quoiqu'ils restent très utiles pour l'édification des uns et des autres.

Plusieurs pages à travers les saintes écritures feront mention des sujets relatifs à l'onction et nous ne menagerons aucun effort à en retracer quelques uns.

Et comme nous venons de traiter du cas du prophète Moïse, on entendra parler des cas comme ceux d'Aaron ; des fils de Lévi pour le service de l'autel sous l'ancienne alliance, non pour s'arrêter là, mais les cas des hommes comme Saül et David qui recevront respectivement l'onction pour exercer la fonction royale sur le peuple d'Israël.

Il faut souligner qu'à ce niveau, on aura un cas tellement frappant qui sera celui de jehu, et qui ne faisait pas partir de la lignée royale d'Israël de l'heure pour prétendre hériter la royauté, mais recevra ce privilège juste par un acte d'onction sur l'ordre de l'Eternel Dieu, ce qui le transformera en homme de pouvoir et de décision.

Réf bibliques : 1 Rois : 19 V 16 - 17 ; 2 Rois : 9 V 2 - 3.

Tu oindras aussi Jéhu, fils de Nimschi, pour roi d'Israël ; et tu oindras Elisée, fils de Schaphat, d'Abel Mehola, pour prophète à ta place.

Et il arrivera que celui qui échappera à l'épée de Hazaël, Jéhu le fera mourir, et celui qui échappera à l'épée de Jéhu, Elisée le fera mourir.

Quand tu y seras arrivé, vois Jéhu, fils de Josaphat, fils de Nimschi. Tu iras le faire lever du milieu de ses frères, et tu le conduiras dans une chambre retirée.

Tu prendras la fiole d'huile, que tu répandras sur sa tête, et tu diras : Ainsi parle l'Eternel : Je t'oins roi sur Israël ! Puis tu ouvriras la porte, et tu t'enfuiras sans t'arrêter.

Et le contenu des versets ci-dessus, nous donne ainsi quelques détails sur ce qu'on pouvait entendre par l'onction laquelle pouvait se traduire juste comme un simple acte qui change radicalement la vie de son bénéficiaire, et en exemple les cas de Jéhu et d'Elisée pour devenir respectivement roi et prophète en Israël.

Mais un peu plus loin, l'onction, comme ce fut le cas du prophète Moïse avec le bois qu'il avait en main, il y aura celui d'Elisée qui identifiera l'onction dans le manteau de son prédécesseur en la personne du prophète Elie.

On notera ce qui suit :

Réf bibliques : 2 Rois : 2 V 9, 13 - 14.

Lorsqu'ils eurent passé, Elie dit à Elisée : Demande ce que tu veux que je fasse pour toi, avant que je sois enlevé d'avec toi.

Elisée répondit : Qu'il y ait sur moi, je te prie, une double portions de ton esprit.

Et il releva le manteau qu'Elie avait laissé tomber. Puis il retourna, et s'arrêta au bord du Jourdain ;

Il prit le manteau qu'Elie avait laissé tomber, et il en frappa les eaux, et dit : Où est l'Eternel, le Dieu d'Elie ? Lui aussi, il frappa les eaux, qui se partageaient ça et là, et Elisée passa.

Et du contenu de ces versets, nous pouvons remarquer combien l'onction était nécessaire pour rendre davantage efficace l'influence des serviteurs de Dieu dans ce monde et même ceux qui sont sollicités de manière spontanée pour rendre un ministère, et là nous sommes toujours sous l'ancienne alliance d'après les saintes écritures, sans faire mention de nombreux d'autres acteurs qui avaient été appelés au service de Dieu sans se passer de l'implication de l'onction, laquelle dans ce contexte précis couvrait d'abord leur nudité de péché, et après les élevait à opérer dans une dimension surnaturelle.

Mais cette dimension opérationnelle de la grâce ne s'arrêtera pas seulement sous l'ancienne alliance, mais la traversera pour la nouvelle alliance aussi et restera toujours présente pour l'exercice du ministère divin, et quelques éléments seront dégagés à titre d'exemple pour offrir plus de visibilité nécessaire à la compréhension des uns et des autres.

A cet effet, nous allons commencer par souligner le rapport du seigneur Jésus avec ses disciples en faveur de qui il multipliait les prières et les appels à ne point s'éloigner de Jérusalem jusqu'à l'accomplissement de la promesse du Saint-Esprit que le Père aurait promis dans le cadre de l'exercice du ministère, alors qu'il se préparait pour se séparer physiquement d'eux.

Et là, il s'agira d'un exemple tangible pour servir de preuve au caractère indispensable de l'onction laquelle sera qualifié du Saint-Esprit sous la nouvelle alliance dans l'exercice du ministère divin.

Ce qu'il faudra commencer par constater est que le départ du Seigneur avait plongé ses disciples dans une incertitude profonde en considération des menaces que leur inspiraient les comportements hostiles des juifs.

Ils devraient en conséquence se retrouver enfermés dans un endroit qu'ils jugeaient sûr en attendant le secours que traduisait l'accomplissement de la promesse du seigneur Jésus relative à la puissance du Saint-Esprit qu'ils recevront pour être transformés en des disciples témoins du Seigneur depuis Jérusalem jusqu'aux extrémités de la terre.

Dieu étant fidèle, la promesse finira par s'accomplir sur les disciples par le résultat d'une transformation brutale et spectaculaire à la grande surprise de tous ceux qui les connaissaient et pouvaient étonnement assister au zèle qui caractérisait les témoignages qu'ils rendaient en l'honneur du seigneur Jésus-Christ et de son œuvre au bénéfice des croyants pécheurs.

Oui ! Ils recevront effectivement une puissance d'en haut qui chassera la peur de leurs vies et les remplira d'une confiance surprenante et d'une audace à affronter par le moyen de la vérité évangélique quiconque tenterait de les contredire, et on parlera de la Pentecôte au profit des disciples.

Ils seront désormais remplis du Saint-Esprit pour l'expérience d'une vie nouvelle au service du ministère divin et dans le cas d'espèce, au service du seigneur et sauveur Jésus-Christ.

Qu'il nous souvienne qu'Elisée, voyant venir le temps pour que son maître le prophète Elie soit enlevé au ciel, lui adressa la demande selon laquelle, une double portions de l'esprit qui était sur lui soit accordée, ce qui signifiait l'onction pour exercer le ministère.

Et dans le cas des disciples, il leur était recommandé de ne point quitter les lieux de rassemblement jusqu'à ce qu'ils soient revêtus de la puissance d'en haut, le Saint-Esprit alors, allait survenir sur eux, les rendant capables de témoigner des œuvres de l'Eternel à travers le seigneur Jésus-Christ au devant des nations de toute la terre.

Et celà s'avère important de souligner en ce que l'onction est d'abord spirituel et précisément, le Saint-Esprit, lequel en fonction des circonstances et des objectifs, pouvait s'identifier en des choses matérielles, un peu comme la verge du prophète Moïse ; le manteau d'Elie ; le bâton d'Elisée ; l'huile de consécration ; la colombe lors du baptême du seigneur Jésus, pour ne citer que ceux-là.

Ainsi, pour plus de détails, on aura le bâton du prophète Moïse qui se transformera en serpent pour avaler les serpents de Pharaon, et servira à fendre en deux la mer rouge pour effrayer un passage au peuple d'Israël, et encore servira à frapper le rocher pour offrir de l'eau à boire au peuple menacé par la soif.

Nous avons le manteau d'Elie, qu'Elisée déchirera en deux et allait s'en servir pour frapper le Jourdain pour s'effrayer un chemin de passage.

Nous avons le bâton d'Elisée qu'il allait remettre à son serviteur Guéhazi pour qu'il aille le déposer sur le visage du fils de la Sunamite, en vue de lui redonner vie puisque cet enfant avait soudainement perdu la vie.

Nous avons l'huile qui sera versée sur la tête des gens comme Saül ; David ; Salomon, Jéhu et j'en passe, pour leur consécration à la fonction royale et le déclenchement de l'exercice du ministère de la royauté.

A tout cela sera ajouté, la colombe qui descendra sur la tête du seigneur Jésus à sa sortie des eaux de baptême administré par les soins du prophète Jean Baptiste, un évènement qui traduisait la cérémonie de consécration de ce dernier au ministère divin pour lequel il était venu sur terre et par lequel le salut des âmes des pécheurs deviendrait une réalité.

Toutefois, il y aura encore d'autres exemples que nous jugeons préférable de s'en passer afin de ne point en faire un chapitre particulier.

Et nous aurions terminé avec la première dimension opérationnelle de la grâce laquelle correspond au vocable biblique de l'onction et que nous le rappelons est avant tout, le Saint-Esprit de Dieu octroyé aux humains dans le cadre de l'exercice du ministère.

A présent, le développement de la deuxième dimension opérationnelle de la grâce de notre chapitre lequel va nous plonger dans les aspects les plus sensibles de notre travail.

C'est le lieu de rappeler que l'être humain s'identifie à travers deux domaines spirituels quoique constitué de trois parties d'après les saintes écritures.

On notera l'esprit de l'homme qui est directement lié à son cœur et qui correspond au premier domaine spirituel de l'être humain, en suite, son âme qui est liée à son sang et qui est aussi une entité spirituelle et représente le deuxième domaine spirituel de l'être humain, et les deux seront couverts par le corps physique pour répondre aux trois différentes parties qui composent l'être humain.

Il convient de rappeler que l'être humain étant ainsi constitué, le pouvoir du commandement et de décision relevait du domaine de l'esprit humain lequel est lié à son cœur, de manière à exercer son pouvoir sur l'âme et organiser et contrôler tous ses mouvements, et cela conformément au plan directionnel de l'Eternel Dieu son créateur.

Lorsque Dieu, après la création et la formation de l'homme et l'octroi du souffle de vie par les narines à ce dernier pour faire de lui un être vivant, il va décider de s'offrir une place dans la vie de l'homme et ce sera son cœur qu'il choisira pour destination relationnelle, et nous croyons avoir suffisamment fourni de détails à ce sujet dans les précédents chapitres de notre développement.

Toutefois, la répétition étant pédagogique, l'Eternel Dieu en tant qu'Esprit et Parole, allait décider de s'offrir une place dans la vie de l'homme par l'emprunt de la voie des oreilles sous la forme des instructions pour descendre jusqu'à son cœur, parce qu'il s'agit là, du domaine spirituel de l'homme.

Le péché étant survenu, L'Esprit de Dieu allait déserter le cœur de l'homme et n'allait plus y revenir, ce qui provoquerait la mort spirituelle de l'homme par la connaissance du péché et sa déconnexion d'avec les signaux divins.

Et ce fut l'expérience du père charnel de toute l'humanité en la personne d'Adam, et dès lors, toute personne qui naissait dans ce monde héritait cette nature de péché qui se caractérise par la mort dans l'esprit, ce qui empêchait l'homme de pouvoir faire la volonté de Dieu son créateur et de lui obéir par une quelconque forme de soumission à son autorité.

Les saintes écritures déclarèrent que par le péché d'Adam, tous les hommes ont péché et sont privés de la gloire de Dieu.

L'homme ayant perdu son identifiant au plan directionnel de Dieu, lequel repose sur son esprit, sera désormais contrôlé et dirigé par son âme, et on parlera de l'homme charnel entièrement dépendant de la vue.

L'Eternel Dieu, ayant décidé de restaurer l'homme du péché au lieu de son extermination totale et définitive, allait pouvoir à une puissance spirituelle de l'ordre angélique par référence à une dimension de sa grâce capable de s'adapter à la chair dans le but de rendre possible le ministère divin chargé de préparer la conscience humaine à une adoration charnelle avec Dieu le temps que sa vie spirituelle ne soit entièrement restaurée.

Et c'est ce pouvoir divin qui sera qualifié de l'onction et allait correspondre à la présence ministérielle de Dieu dans la vie de quiconque ayant reçu l'appel de le servir, fut-il bon ou mauvais ; juste ou injuste ; sain ou pécheur.

Et ce sera ainsi le cas des différents ministres officiellement alloués au service de Dieu depuis le prophète Moïse jusqu'au prophète Jean Baptiste et tous avaient conservé leur nature adamique héritée de péché, et étaient ainsi privés de la gloire de Dieu.

Ils ne pouvaient en l'état hériter la vie éternelle laquelle correspond à la deuxième dimension opérationnelle de la grâce divine et devrait dépasser les limites de la chair pour atterrir dans le cœur et produire la régénération ou la restauration de l'homme, puisque son cœur demeurait jusque-là dans un profond sommeil spirituel.

Dans la suite des évènements bibliques, on notera l'avènement du seigneur et sauveur de l'humanité, Jésus-Christ qualifié du second Adam qui naîtra, non de la naissance biologique classique, mais du Saint-Esprit afin de pouvoir répondre à l'exigence de la loi en vue du rachat ; de la restauration ; de la régénération et enfin du salut de l'homme jusque-là resté captif du péché.

Il sera appelé Fils et agneau de Dieu, et son œuvre aura pour mission essentielle de reconquérir le cœur de l'homme par sa délivrance de la captivité du péché ; de la mort et du diable afin de rendre possible la réconciliation de l'homme avec Dieu, son créateur, et on parlera plutard de L'Esprit dans l'homme.

Mettons à profit les versets suivants :

Réf bibliques : Jean : 14 V 16 - 17.

Et moi, je prierai le Père, et il vous donnera un autre consolateur, afin qu'il demeure éternellement avec vous.

L'Esprit de vérité, que le monde ne peut recevoir, parce qu'il ne le voit point et ne le connaît point ; mais vous, vous le connaissez, car il demeure avec vous, et il sera en vous.

Mais le consolateur, L'Esprit Saint, que le Père enverra en mon nom, vous enseignera toutes choses, et vous rappelera tout ce que je vous ai dit.

Du contenu des versets ci-dessus, nous pouvons découvrir le véritable nom de la grâce en la personne du seigneur Jésus-Christ, qui pouvait en même temps répondre aux différentes appellations telles que : L'Esprit de vérité ; le consolateur ou encore L'Esprit-Saint, et à tout cela s'ajoute aussi la première en étude, qu'est l'onction.

Réf bibliques : 1 Jean : 2 V 20 , 27.

Pour vous, vous avez reçu l'onction de la part celui qui est saint, et vous avez tous de la connaissance.

Pour vous, l'onction que vous avez reçue de lui demeure en vous, et vous n'avez plus besoin qu'on vous enseigne ; mais comme son onction vous enseigne toutes choses, et qu'elle est véritable et qu'elle n'est point un mensonge, demeurez en lui selon les enseignements qu'elle vous a donnés.

Et ainsi, le contenu des versets ci-dessus pour confirmer le caractère ouvrier de la grâce sous l'appellation l'onction, et dans le cas d'espèce, dans le rôle d'enseignant.

Toutefois, ce qui devra retenir notre attention à ce niveau du développement de notre chapitre est le principal rôle de la grâce à l'intérieur ou dans le cœur de l'homme, et ce sera pour créer l'adoption du croyant en statut de fils et héritier de Dieu, ce qui n'était pas possible par le passé à cause du péché qui faisait siège dans la vie de l'homme.

C'est le lieu de rappeler que c'est cet état de chose qui expliquait le fait que Dieu n'avait point de fils sous l'ancienne alliance, mais que de serviteurs, et toutes les diverses promesses de Dieu relatives à la victoire dans les combats ; à l'honneur ; à l'élévation ; à l'enrichessement et autres, au profit des humains, étaient exclusivement à destination de ses serviteurs.

Mais avant de fermer cette page de notre chapitre relatif aux deux dimensions opérationnelles de la grâce de Dieu, étudions ensemble le contenu du verset suivant :

Réf bibliques : Luc : 10 V 17 - 20.

Les soixante dix revinrent avec joie, disant : Seigneur, les démons même nous sont soumis en ton nom.

Jésus leur dit : Je voyait Satan tomber du ciel comme un éclair.

Voici, je vous ai donné le pouvoir de marcher sur les serpents et les scorpions, et sur toute la puissance de l'ennemi ; et rien ne pourra vous nuire.

Cependant, ne vous réjouissez pas de ce que les esprits vous sont soumis ; mais réjouissez vous de ce que vos noms sont écrits dans les cieux.

Ainsi, se présente le contenu des versets ci-dessus lesquels nous serviront de sujets de décryptage.

En effet, il s'agira d'une histoire relative aux disciples du seigneur Jésus qui revenaient d'une mission d'information sur le royaume de Dieu basée sur les enseignements de leur maître.

Ils devraient être émerveillés de l'expérience effectuée, et dans ce même débordement de joies, venaient faire le compte rendu à leur maître, qui n'hésitera à leur faire quelques mis au point.

Et en celà, il revient d'intéressant de relever quelques points de leurs déclarations selon qu'ils disaient que des démons leur étaient soumis au nom du seigneur Jésus, ce qui s'explique par le pouvoir au nom de Jésus et non, en leurs propres noms.

Le seigneur Jésus en bon maître, ne tardera à leur donner quelques explications à caractère informationnel sur ce que traduisait leur expérience.

Il prendra le soin de leur donner une petite explication sur le symbolisme de son nom et la dimension dans laquelle il leur a été utile.

Il pouvait dire : Voici, je vous ai donné le pouvoir de marcher sur les serpents et les scorpions, et sur toute la puissance de l'ennemi ; et rien ne pourra vous nuire. Et c'est bien ce qu'ils devraient en réalité comprendre de l'usage du nom du seigneur Jésus dans le cadre de l'exercice du ministère, et que toutes les fois qu'ils invoquaient le nom de Jésus, ce n'est plus eux qui étaient au front, mais plutôt la puissance invisible de Dieu sous l'appellation Jésus, officiellement et spirituellement reconnu dans les cieux, sur la terre et sous la terre. Ce qui correspond à l'onction, mais qui est limitée à la chair, c'est à dire, l'âme laquelle relève du domaine des émotions et des sensations diverses selon qu'ils étaient effectivement revenus de leur mission avec beaucoup de joies au regard des choses qu'ils avaient vues de leurs yeux et touchées de leurs mains.

Et c'est la dimension de la grâce qui impressionne plus les humains et est généralement qualifiée de l'onction, et comme nous l'avions si bien expliqué, est réservée à l'exercice du ministère et source des miracles et des merveilles qui rendent folles de joies et d'émotions les foules de croyants.

Cependant, le seigneur Jésus, toujours en bon maître et sauveur prendra le soin de leur rappeler ce qui reste à eux de connaître et appelle à leur prise de conscience dans cette activité qui les réunit et les lie à lui.

Il dira ce qui suit : Cependant, ne vous réjouissez pas de ce que les esprits vous sont soumis, mais réjouissez-vous plutôt de ce que vos noms sont écrits dans les cieux, ce que traduit le rôle de la deuxième dimension opérationnelle de la grâce, sans laquelle, la première devient inutile et sans avenant.

Oui ! Ils devraient se réjouir, et c'est tout à fait normal à cause des émotions que produisent leurs chairs toutefois, avec beaucoup de retenus parce que tout ce qu'ils ont récolté comme bénéfices dans ce travail n'auront de prix pour eux à condition qu'ils soient identifiés appartenant à son royaume et que le ciel les reconnaît tels.

Ainsi, la deuxième dimension opérationnelle de la grâce divine aura pour mission de reconquérir le cœur de l'homme pour Dieu par une démarche de la restauration et de la réconciliation du croyant avec Dieu, d'avec qui il était ennemi par sa nature adamique vaincue par le péché.

On parlera de l'Evangile ou du ministère de la réconciliation pour la connaissance de la nouvelle alliance en Dieu au profit de la nouvelle naissance par Jésus-Christ.

Enfin, il convient de noter qu'une chose est d'être oint pour exercer un ministère divin, mais une autre est de s'assurer du salut de son âme et de sa réconciliation avec Dieu par l'œuvre de la rédemption du seigneur et sauveur Jésus-Christ.

Et c'est sur ces mots que nous mettons un terme au développement de l'étude relative aux deux types de grâces divines pour aborder le chapitre suivant.

Chapitre : 4

Impacts et conséquences de la grâce divine.

Nous abordons le développement de ce nouveau chapitre de notre étude tout en rappelant qu'il s'agira à cet effet, de nous concentrer dans un premier temps sur l'impact ou l'influence de la grâce et particulièrement de sa dimension qualifiée de l'onction, dans le quotidien des croyants pour ce qui concerne l'exercice du ministère.

Qu'il vous souvienne que nous avions précédemment souligné que l'onction est la dimension de la grâce réservée pour servir, et ainsi, offre la qualification légale aux croyant et aux divers objets naturels ou faits de mains d'homme, d'être admis au service de Dieu.

En cela, nous avions fait usage de certaines figures pour mieux expliquer le bien fondé de notre développement, et à présent le lieu de rappeler que par le passé, le service divin avait été exclusivement réservé aux descendants de la tribu israélite de Lévi, l'une des douze qui composent la communauté ou le peuple d'Israël.

Il faut souligner que c'était une dignité dévolue sur cette tribu et ne dépendait pas d'un quelconque choix volontaire ou habilité pour se faire choisir ou se porter volontier candidat au service de Dieu.

Référons-nous en conséquence aux versets ci-dessous :

Réf bibliques : Lévitique : 8 V 2, 11 - 1 3 ; Nombres : 3 V 5 - 7.

L'Eternel parla à Moïse, et dit : Prends Aaron et ses fils avec lui, les vêtements, l'huile d'onction, le taureau expiatoire, les deux béliers et la corbeille de pains sans levain ;

Il en fit sept fois l'aspersion sur l'autel, et il oignit l'autel et tous ses ustensiles, et la cuve avec sa base, afin de les sanctifier.

Il répandit de l'huile d'onction sur la tête d'Aaron, et l'oignit, afin de la sanctifier.

Moïse fit aussi approcher les fils d'Aaron ; il les revêtit de tuniques, les ceignit de ceintures, et leur attacha des bonnets, comme l'Eternel l'avait ordonné à Moïse.

L'Eternel parla à Moïse, et dit : Fais approcher la tribu de Lévi, et tu la placera devant le sacrificateur Aaron, pour qu'elle soit à son service.

Ils auront le soin de ce qui est remis à sa garde et à la garde de toute l'assemblée, devant la tente d'assignation : ils feront le service du tabernacle.

Ainsi se présente le contenu des versets ci-dessus au travers desquels, nous devons commencer par constater que l'Eternel allait parler à Moïse en lui donnant des instructions au profit d'Aaron, de ses fils et ceux de Lévi.

Il nous plaît à ce sujet de rappeler que, et Moïse et Aaron sont tous des descendants de la tribu de Lévi en confirmation du choix souverain de l'Eternel Dieu sur cette tribu comme peuple consacré à son service qualifié du sacerdoce lévitique, et tout cela était devenu possible avec l'implication de l'onction qui était le premier type ou dimension de la grâce révélée aux humains qui étaient dans un état de péché, donc légalement incompatible pour une quelconque relation avec Dieu.

Ainsi, ni le prophète Moïse, ni le souverain sacrificateur Aaron et ses fils, encore moins les fils de Lévi dont ils font tous partir, n'étaient qualifiés pour entretenir une quelconque relation avec Dieu à moins qu'il y ait l'implication de cette dimension ou aspect de la grâce.

Son administration à l'époque pouvait nécessiter des rituels légalement bien définis et avec tous les soins et attentions possibles.

En ce qui concerne l'impact, l'onction offrait une marque de distinction à ses bénéficiaires et un statut de serviteurs de Dieu à ces derniers afin de les démarquer du reste du peuple entièrement captif du péché.

Les choses vont ainsi évoluer jusqu'à une certaine époque où l'accès au service divin pouvait commencer par être accordé à des ressortissants d'autres tribus d'Israël autre que celle de Lévi, et ce sera le cas des rois par exemple, mais toujours par le moyen de l'onction.

Il faut ajouter que ce type de serviteurs de Dieu a conservé son cœur animal et mort dans l'esprit, et avait utilisé cette grâce d'onction à détruire et à être la cause de plus de maux que de biens à l'égard de ses confrères quoique demeurant dans la volonté permissive de l'Eternel Dieu dont les voies sont humainement insondables et impénétrables.

A certains niveaux de cette réalité, l'onction offrait plus d'influences aux bénéficiaires au point de leur donner de se prendre et de se comporter comme des dieux vis à vis de leurs différents entourages et de favoriser des exactions ou abus de pouvoir.

Réf bibliques : Hébreux : 5 V 1 - 4.

En effet, tout souverain sacrificateur pris du milieu des hommes est établi pour les hommes dans le service de Dieu, afin de présenter des offrandes et des sacrifices pour les péchés.

Il peut être indulgent pour les ignorants et les perdre, puisque la faiblesse est aussi son partage.

Et c'est à cause de cette faiblesse qu'il doit offrir des sacrifices pour ses propres péchés, comme pour ceux du peuple.

Nul ne s'attribue cette dignité, s'il n'est appelé de Dieu, comme le fut Aaron.

Ci-dessus le contenu des précédents versets lequel présente l'imperfection et la faiblesse des humains encore sous le contrôle du péché et malgré cela étaient alloués en tant que ministres au service de Dieu.

Les choses étaient ainsi parce que la vie du péché évoluait par mode d'héritage biologique, en sorte qu'il n'y avait personne qui pouvait prétendre faire exception et se déclarer génétiquement et spirituellement juste et parfait au miroir de la loi, ce qui allait s'imposer à la justice de Dieu et exigera à lui l'option du pouvoir de l'onction comme seule et unique alternative pour l'atteinte de ses objectifs.

L'impact de l'onction allait évoluer et traverser des générations de serviteurs de Dieu jusqu'à l'avènement de la nouvelle alliance dans laquelle il ne manquera de laisser de traces.

Réf bibliques : Actes : 2 V 1 - 4.

Le jour de la Pentecôte, ils étaient tous ensemble dans le même lieu.

Tout à coup il vint du ciel un bruit comme celui d'un vent impétueux, et il remplit toute la maison où ils étaient assis.

Des langues, semblables à des langues de feu, leur apparurent, séparées les unes des autres, et se posèrent sur chacun d'eux.

Et ils furent tous remplis du Saint-Esprit, et se mirent à parler en d'autres langues, selon que L'Esprit leur donnait de s'exprimer.

Au travers du contenu des versets ci-dessus, nous pouvons faire la lecture des premiers jours de la manifestation à haute intensité de l'onction sur la vie des apôtres après que le seigneur Jésus soit élevé au ciel, et cette fois-ci, non par une pratique ritualiste, mais une puissance spirituelle qui allait se saisir de leurs langues pour les amener à confesser et témoigner des œuvres du travail de régénération accompli dans leurs vies par la destruction du péché, et ce sera la naissance de la nouvelle génération d'adorateurs ou de serviteurs de Dieu dont les cœurs sont désormais reconquéris et leurs vies restaurées.

Ils devront encore impacter plus par l'exercice de leur ministère et nous ne manquerons de dégager quelques exemples susceptibles d'apporter plus d'éclaircissement.

Réf bibliques : Actes : 5 V 12 - 15.

Beaucoup de miracles et de prodiges se faisaient au milieu du peuple par les mains des apôtres. Ils se tenaient tous ensemble au portique de Salomon, et aucun des autres n'osait se joindre à eux ; mais le peuple les louait hautement.

Le nombre de ceux qui croyaient au Seigneur, hommes et femmes, s'augmentait de plus en plus ; en sorte qu'on apportait les malades dans les rues et qu'on les plaçait sur des lits et des couchettes, afin que, lorsque Pierrre passerait, son ombre au moins couvrit quelques uns d'eux.

Ainsi nous avons le témoignage sur la vie ministérielle de l'apôtre Pierre qui dans un passé récent, avait tellement peur des juifs et n'osait s'afficher en public jusqu'à prendre la parole pour défendre une quelconque doctrine autre que le judaïsme, et c'est là, l'une des preuves de l'onction en tant que puissance.

Mais ce ne serait que le commencement, puisque de nouveaux exemples ne tarderont pas à suivre ce premier en lignes.

Réf bibliques : Actes : 19 V 10 - 12.

Cela dura deux ans, de sorte que tous ceux qui habitaient l'Asie, juifs et Grecs, entendirent la parole du Seigneur.

Et Dieu faisait des miracles extraordinaires par les mains de Paul, au point qu'on appliquait sur les malades des linges ou des mouchoirs qui avaient touché son corps, et les esprits malins sortaient.

Ainsi, après l'exemple de l'apôtre Pierre, le contenu des versets ci-dessus nous offre un autre exemple, celui de l'apôtre Paul qui allait impacter de manière spectaculaire son environnement au moyen des miracles qui se produisaient directement et indirectement de l'onction qui était sur la vie de ce dernier.

Cependant, il faut rappeler qu'il y en a autant d'exemples qu'on pouvaient encore mettre à la disposition de nos lecteurs, mais le mieux serait de s'arrêter là et tout de suite sans manquer de se référer aux vies de ministère des serviteurs comme le prophète Elie, qui allait faire descendre du feu du ciel afin de défier les prophètes de Baal, et même fermer aussi le ciel pour provoquer sur parole, une sécheresse d'environ trois ans et six mois, toujours dans le but de démontrer la toute puissance du Dieu dont il est adorateur.

Il faut rappeler qu'il n'hésitera pas aussi à faire usage du même zèle dans son ministère pour faire appel à plusieurs reprises au jugement du feu sur la vie de certains officiers envoyés par le roi du territoire sur lequel il se trouvait à l'époque.

Nous n'allons pas nous arrêter sans faire aussi mention du cas d'Elisée qui au modèle de son mentor, n'hésitera à livrer certains enfants dans les griffes des Ours sous prétexte qu'ils se moquaient de lui.

Il allait faire aussi de nombreux miracles au nombre desquels on pouvait dénombrer des exemples comme : les eaux de Jéricho ; l'huile de la veuve ; le fils de la Sunamite ; la lèpre de Naaman, le syrien, pour ne citer que ceux-là.

On pouvait fournir tellement d'exemples relatifs à l'impact de l'onction non seulement sur son sujet, mais aussi sur ceux et celles qui s'étaient retrouvés dans les champs d'action de ces différents serviteurs de Dieu.

Ainsi, il sera noté durant l'exercice du ministère des différents serviteurs de Dieu, surtout pour ce qui concerne le cas de ceux de l'ancienne alliance, une sorte d'impact à la fois positive que négative et tout dépendait de la disposition de cœur de ces derniers puisque l'onction en elle-même, n'a ni volonté ni sentiments et se soumet quoiqu'esprit, à la volonté de son détenteur comme un instrument de travail et plus qu'instrument, une arme très efficace entre ses mains dont un usage conséquent pour des résultats conséquents, et ainsi nous allons aborder l'aspect conséquence de notre développement sur l'onction.

Pour ce qui est du cas des conséquences liées à l'usage de l'onction, il convient de souligner qu'elles sont multiples et multiformes.

A cet effet, nous croyons avoir touché déjà quelques points de ce qui pouvait être considéré comme des avantages en matière de conséquence dans nos développements sur l'impact cependant, ne menagerons aucun effort pour en rajouter si nécessaire sans manquer de nous intéresser aussi aux inconvénients liés à l'usage de l'onction.

C'est le lieu de commencer par rappeler qu'en ce qui concerne les serviteurs de Dieu ayant exercé sous l'ancienne alliance, il importe de prendre en considération le règne du péché encore sur la vie de toute l'humanité sans exception d'où d'ailleurs la nécessité d'un élément pouvant couvrir la nature de nudité de l'homme qualifiée de pécheresse et de la couvrir aux yeux purs voir même très purs de l'Eternel Dieu afin de rendre possible leur collaboration laquelle reste indispensable pour la marche progressive et objective pour le salut de l'âme de l'homme.

Le cœur de l'homme étant originellement créé dans le rôle de moteur de décision de tout ce qui devrait émaner de sa vie relationnelle avec l'extérieur et en cela, fait office du siège de l'esprit de l'homme et sa collaboration avec Dieu.

Le péché ayant posé sa captivité sur l'homme et précisément sur son âme, allait établir un mûr à ce niveau empêchant désormais le cœur ou l'esprit de l'homme de continuer de communiquer avec Dieu surtout que celui-ci ne pouvait en aucun cas et conformément à sa nature de supporter la présence du péché.

A défaut donc du rôle du cœur, les cerveaux de l'homme en tant que moteur de gestion des décisions qui en principe devraient provenir du cœur, se retrouvent en double fonctions dont la décision qui ne lui revenait de droit, mais par défaut de fonctionnement normal de la constitution humaine causé par la connaissance du péché.

Les premiers hommes n'auront plus de cœur dit-on, et ne prendront leurs différentes décisions à partir de leurs cerveaux parce qu'ils seraient morts dans leurs esprits et par ricochet, leurs cœurs.

On parlera de la marche du croyant par la vue c'est à dire, par des décisions basées sur ses sens et ses émotions lesquels relèvent du domaine de son âme et limités à ses cerveaux, et ce fut le sort de tous les humains sans exception en cet état sont directement liés à Adam le premier homme créé et qui avait fait en premier, la connaissance du péché.

Tous les humains, conformément à l'évolution de l'humanité allaient évoluer dans cet état de disfonctionnement morphologique et anatomique et même ceux qui seront mis à part et désignés comme peuple de Dieu, conserveront ce même état de vie, et d'eux sortiront des ouvriers au service de Dieu, qui n'auront autre choix que de faire usage du pouvoir de l'onction en fonction de leur état humain entièrement déprogrammé par la connaissance du péché.

Cet état de chose et de vie allait être la cause de plusieurs dérives dans l'exercice de leurs différents ministères et c'est le lieu de dégager quelques exemples dans l'objectif d'offrir un peu plus de visibilité sur notre développement.

Réf bibliques : Exode : 32 V 26 - 28.

Moïse se plaça à la porte du camp, et dit : A moi ceux qui sont pour l'Eternel. Et tous les enfants de Lévi s'assemblèrent auprès de lui.

Il leur dit : Ainsi parle l'Eternel, le Dieu d'Israël : Que chacun de vous mette son épée au côté ; traversez et parcourez le camp d'une porte à l'autre, et que chacun tue son frère, son parent.

Les enfants de Lévi firent ce qu'ordonnait Moïse, et environ trois mille hommes parmi le peuple périrent en cette journée.

Ainsi, nous avons le contenu des versets ci-dessus lesquels revêtent un caractère symbolique en ce qu'ils retracent un comportement affreux des serviteurs de Dieu à la tête de qui se trouvait le prophète Moïse qui avait effectué un arrêt de décision purement charnel c'est à dire limité à sa propre sagesse et intelligence, donc à son cerveau pour conduire les siens à exécuter leur propre volonté et décision soldées par la mort de leurs confrères au lieu de leur salut.

Qu'il vous souvienne que Dieu avait fait preuve de toute sa patience s'agissant de sa décision envers Adam et Eve en les épargnant de la mort quand ceux-ci avaient choisi de s'écarter de son protectorat pour avoir rejeté ses instructions au profit de lucifer.

Ils avaient déshonnorer leur créateur et Seigneur pour faire allégeance à celui qui sera qualifié d'ennemi de tout ce qui est vertueux et de Dieu, y compris l'homme lui-même dans la suite des temps.

Ce qui explique que ces serviteurs avaient l'onction de Dieu pour être à son service, mais privés de son cœur et surtout envers l'être humain, et c'est ce qui allait être la cause de leur comportement insensé et injuste, et une lecture complète de l'histoire impliquant l'extrait des versets et donnerait un plus large aperçu sur ce qu'il y a lieu de tirer comme compréhension.

A cela, nous allons ajouter une autre figure d'exemple qui n'est pas la moindre et qui concernera la vie du prophète Elie.

<u>Réf bibliques : 1 Rois : 17 V 1 - 4 ; 18 V 1, 39 - 40</u>

Elie, le Thischibite, l'un des habitants de Galaad, dit à Achab : l'Eternel est vivant, le Dieu d'Israël, dont je suis le serviteur !

Il n'y aura ces années-ci ni rosée ni pluie, sinon à ma parole.

Et la parole de l'Eternel fut adressée à Elie en ces mots :

Pars d'ici, dirige-toi vers l'Orient, et caches toi près du torrent de Keith, qui est en face du Jourdain.

Tu boiras de l'eau du torrent, et j'ai ordonné aux corbeaux de te nourrir là.

Bien des jours s'écoulèrent, et la parole de l'Eternel fut ainsi adressée à Elie, dans la troisième année : Va, presente-toi devant Achab, et je ferai tomber de la pluie sur la face du sol.

Quand tout le peuple vit cela, ils tombèrent sur leur visage et dirent : C'est l'Eternel qui est Dieu !

C'est l'Eternel qui est Dieu !

Saisissez les prophètes de Baal, leur dit Elie ; qu'aucun d'eux n'échappe !

Et ils les saisirent. Elie les fit descendre au torrent de Kison, où il les égorgea.

Et à présent, le contenu des versets ci-dessus lesquels nous estimons peu suffisants pour de plus amples détails sur ce qui semble nécessaire de savoir sur le regard de Dieu à l'endroit de ces événements, d'où l'invitation à nos lecteurs à se référer davantage aux détails complémentaires sur ces différentes histoires.

Mais pour ce qui concerne les commentaires, il faut commencer par observer en premier l'usage que le prophète Elie avait fait de son onction en prononçant une sécheresse dont il n'avait pas mesuré l'ampleur et ses conséquences sur la vie de la population vivant sur ce territoire.

Ainsi pour des raisons propres à lui, il allait s'engager dans une démonstration de force au péril des habitants de cette localité, mais l'Eternel Dieu dont il se réclame le serviteur, en bon maître et mesurant l'ampleur des dégâts qu'allait occasionner ce défi prophétique, n'hésitera à prendre en même temps des dispositions au profit de ce dernier afin de préserver sa vie des risques imprévisibles qu'une telle décision pouvait réserver à son oint, lorsqu'on considère que les premières conséquences de la sécheresse sont la famine et enfin la mort sans mentionner les nombreux dégâts collatéraux.

Mais ce serviteur, cet oint de l'Eternel Dieu ne sera pas à sa première, encore moins sa dernière expérience pour son zèle dans le ministère, mais d'après les saintes écritures, n'hésitera à égorger plusieurs prophètes de Baal dans l'intention de donner gloire à son maître, le Dieu vivant qui est demeuré dans la démarche du gain et non la perte des âmes. Il sera ce faisant, en déphasage complet avec la pensée et le cœur de son maître et son Dieu.

Et ça ne finira surtout pas à celà même si on se permet de ne plus rajouter de nouvelles références, puisqu'il n'hésitera à faire descendre du feu sur certains officiers envoyés à ses trousses par le roi et simplement parce qu'il avait peur de se faire tuer par ce dernier pendant qu'il n'hésitait de faire usage de son onction pour livrer les autres à la mort.

Oui il avait seulement peur, et la plupart de ces réactions ou prises de décisions étaient motivée par la peur, un état qui s'explique par un manque de confiance en son maître qui était capable de le délivrer de toutes les situations conflictuelles dans lesquelles il pouvait se retrouver en tant que serviteur et ministre.

Ainsi, l'usage de l'onction serait la source de miracles et des prodiges sauf qu'il faudra aussi pour le serviteur, un cœur capable de chercher continuellement la volonté de son maître qui d'ailleurs est le propriétaire de ladite onction ou pouvoir afin de pouvoir faire la joie de son maître et son seigneur.

Ce qui nous remonte rapidement à l'élément retraçant sa prise de décision à l'égard de la pluie, où il n'avait même pas pris le soin de consulter son maître à qui revient normalement de droit, le pouvoir de décision au sein de leur relation et dans laquelle le serviteur devrait être considéré comme exécutant afin que toute la responsabilité puisse incomber au maître qui est suffisant en conseil pour des choix judicieux et conséquents.

Il sera constaté que la plupart de leurs différentes décisions n'avait fait mention d'avoir consulté même une seule fois l'Eternel Dieu, leur maître et les résultats à ces différentes décisions n'avaient enregistré que de lourdes pertes en vies humaines au point que lorsque les temps de révélations dont le seigneur Jésus-Christ est l'auteur étaient venus, une scène avait sembler se reproduire par ses disciples qui prenaient encore en ce moment les serviteurs ci-dessus cités comme des modèles et références à imiter.

On notera en conséquence ce qui suit :

Réf bibliques : Luc : 9 V 52 - 56.

Il envoya devant lui des messagers, qui se mirent en route et entrèrent dans un bourg des Samaritains, pour lui préparer un logement.

Mais on ne le reçu pas, parce qu'il se dirigeait sur Jérusalem.

Les disciples Jacques et Jean, voyant cela, dirent : Seigneur, veux-tu que nous commandions que le feu descende du ciel et les consume ?

Jésus se tourna vers eux, et les réprimanda, disant : Vous ne savez de quel esprit vous êtes animés.

Car le Fils de l'homme est venu, non pour perdre les âmes des hommes, mais pour les sauver. Et ils allèrent dans un autre bourg.

Et voici ci-dessus le contenu des versets qui en dit beaucoup sur le but et l'objectif principal de Dieu à pouvoir à la dimension opérationnelle de la grâce sous l'appellation onction.

L'Eternel Dieu allait pouvoir à cette puissance spirituelle dénommée onction dans l'objectif de rendre capable des humains de toute catégorie à commencer par les descendants de la tribu de Lévi et par la suite à d'autres personnes à être admis à son service malgré leur état corrompu par le péché et mort dans l'esprit pour l'existence de ses différents ministères relatifs au salut des âmes en perdition.

Mais ce pouvoir avait presque montré ses limites parce que n'atteignant pas le cœur de ses sujets barrés par la présence du péché pour son implication dans les diverses décisions qu'ils prenaient au péril de ceux et celles qui en réalité devraient en profiter et parfois même de leurs propres vies.

Remontons à nouveau au précédent contenu pour signifier que les apôtres ne demandaient à commander le feu sur leurs confrères israélites, mais plutôt les Samaritains avec qui ils étaient tout le temps restés en adversité cependant, le seigneur Jésus devrait leur montrer qu'il n'y a de différence entre les humains au regard de Dieu, et qu'ils sont tous des descendants d'Adam et avaient également tous besoin du salut à travers la miséricorde de l'Eternel Dieu.

Ce qui paraît encore plus judicieux et très important de relever à travers notre étude est à relever à travers les versets ci-dessous.

Réf bibliques : Actes : 2 V 15 - 18.

Ces gens ne sont pas ivres, comme vous le supposez, car c'est la troisième heure du jour.

Mais c'est ici ce qui a été dit par le prophète Joël :

Dans les derniers jours, dit Dieu, je reprendrai mon Esprit sur toute chair ;

Vos fils et vos filles prophétiseront,

Vos jeunes gens auront des visions,

Et vos vieillards auront des songes.

Ainsi, ce contenu des versets ci-dessus est l'extrait d'une prophétie annoncée de la part du Seigneur par les soins de son serviteur le prophète Joël plusieurs années avant l'avènement du seigneur Jésus-Christ et qui concernait l'élargissement du ministère de Dieu qui était autrefois uniquement réservé aux descendants de Lévi dénommé le sacerdoce lévitique et qu'ils avaient érigé en droit et pouvaient se permettre toutes les formes de dérives et d'injustice à l'endroit de leurs confrères d'alliance au grand mépris de l'autorité de Dieu.

Les cris et les pleintes des uns et des autres allèrent susciter la volonté souveraine de Dieu de briser les barrières ministérielles objectivement imposées par la loi à cause du péché au sein des douze tribus constituant le peuple d'Israël en attendant les temps de réformation à venir.

Toutefois, l'accomplissement de cette prophétie ne sera pas suffisant pour répondre à l'urgence de l'heure en ce qui concerne la vie pécheresse des humains puisqu'il restera limité à la chair alors que celle-ci ne pourra en aucun cas hériter la vie éternelle d'où la nécessité d'une nouvelle dimension de la grâce capable d'atteindre le cœur de l'homme, et on parlera de la dimension adoptive de la grâce.

Réf bibliques : Hébreux : 8 V 10 - 12 .

Mais voici l'alliance que je ferai avec la maison d'Israël, après ces jours là, dit le Seigneur : Je mettrai mes lois dans leur esprit, je les écrirai dans leur cœur ; et je serai leur Dieu, et ils seront mon peuple.

Aucun n'enseignera plus son concitoyen,

Ni aucun son frère, en disant :

Connais le Seigneur !

Car tous me connaîtront ,

Depuis le plus petit jusqu'au plus grand d'entre eux : parce que je pardonnerai leurs iniquités, et que je ne me souviendrai plus de leurs péchés.

Ainsi, se présente le contenu des versets ci-dessus lesquels étaient un écrit au souvenir de ce qui était précédemment annoncé par la bouche des anciens prophètes dont les prophètes Jérémie ; Ezéchiel par exemple pour ne citer que ceux-là, et l'objectif divin visait la restauration de l'être humain par sa délivrance de la captivité du péché pour une nouvelle vie fondée dans la justice de Dieu.

Une nouvelle alliance était alors en cours de préparation afin de corriger la première qui avait été faite en fonction de la vie charnelle de l'homme captif du péché et qui n'atteignait pas le cœur de l'homme.

Le Seigneur allait miser de tout son poids et d'après sa souveraineté pour élaborer et mettre à exécution ce qui s'avère nécessaire et indispensable relevant de son autorité pour rendre possible ce qui est humainement impossible, et qui dépasse même le pouvoir ministériel des anges.

La puissance et le caractère exceptionnel de cette dimension de la grâce allait davantage se confirmer en des termes comme : personne n'enseignera plus son confrère en lui demandant de connaître le Seigneur puisque la sagesse divine en matière de connaissance sera désormais à la portée et à la disposition de toute et de tous et cela pour l'effectivité d'une relation personnelle et individuelle de chaque croyant avec Dieu

On notera ce qui suit :

Réf bibliques : Ezéchiel : 36 V 25 - 27.

Je répandrai sur vous une eau pure, et vous serez purifiés ; je vous purifierai de toutes vos souillures et de toutes vos idoles.

Je vous donnerai un cœur nouveau, et je mettrai en vous un esprit nouveau ; j'oterai de votre corps le cœur de pierre, et je vous donnerai un cœur de chair.

Je mettrai mon esprit en vous, et je ferai en sorte que vous suiviez mes ordonnances, et que vous observiez et pratiquiez mes lois.

Ainsi, à partir du contenu des versets ci-dessus, nous pouvons encore lire combien l'Eternel Dieu est amour lequel correspond à sa justice et à sa perfection par lesquelles il s'élève en maître absolu au-dessus de toute la création.

On notera au travers des écritures sa volonté de répandre une eau pure susceptible d'assurer leur purification de tout ce qui est iniquité et idolâtrie dans leur vie.

En considération des écrits dans leur contexte exact, il sera dit : je reprendrai une eau pure sur le peuple, ce qui sous entend qu'il y avait une autre qui n'était pas pure et dont ils faisaient habituellement usage.

Cette eau devrait être considérée comme les enseignants basés sur la parole de Dieu ou la doctrine en exercice à cette époque et qui correspondrait au sacerdoce lévitique.

Cette eau comme toute autre eau naturelle, ayant montré ses limites et son incapacité à atteindre l'intérieur du croyant captif du péché et ne limitait ses effets que sur l'extérieur, allait nécessiter une nouvelle eau, une eau divinement améliorée dont le passage sur le croyant pouvait le débarrasser de ses iniquités et de son idolâtrie, au point même de favoriser le remplacement de son cœur de pierre c'est à dire, corrompu par le péché et insoumis à l'autorité de Dieu par un nouveau capable de recevoir un esprit nouveau susceptible de se soumettre à Dieu et de faire sa volonté et cet acte traduisait la manifestation de la deuxième dimension opérationnelle de la grâce de Dieu ou l'œuvre de la rédemption du seigneur et sauveur Jésus-Christ ou encore le contenu du message de la réconciliation du croyant pécheur avec Dieu pour une nouvelle relation fondée sur une nouvelle alliance.

Il ira encore plus loin pour apporter davantage de détails sur l'opération chirurgicale spirituelle dont il se chargera lui-même.

Il précisera que son opération sur l'homme aura pour but de lui offrir un cœur nouveau en lieu et place de celui corrompu par le péché et désormais considéré de pierre, et ne s'arrêtera pas là, mais le fera suivre également d'un esprit nouveau.

Il soulignera qu'à partir de l'esprit nouveau qu'il leur donnera, ils seront désormais en mesure et capables de faire sa volonté par la mise application de ses ordonnances et de ses lois lesquelles traduisent sa personne juste et parfaite et exigeante de collaboration, ce qui correspondrait à la nouvelle alliance, ou la dimension adoptive de la grâce.

Prenons en considération les versets suivants :

<u>Réf bibliques : Galates : 3 V 25 ; Tite : 2 V 11 - 12.</u>

La foi étant venue, nous ne sommes plus sous ce pédagogue.

Car la grâce de Dieu, source de salut pour tous les hommes, a été manifestée.

Elle nous enseigne à renoncer à l'impiété et aux convoitises mondaines, et à vivre dans le siècle présent selon la sagesse, la justice et la piété.

Ainsi, du contenu des versets ci-dessus, nous notons qu'il n'y aura pas que la loi ou la loi de l'interdit seule qui revêterait le statut de pédagogue, mais la grâce aussi ou la loi de la liberté appelée dans le cas d'espèce de la foi.

Cela devient encore plus évident lorsque les versets qui ont suivi soulignent que la grâce sur cet angle d'action est non seulement source du salut, mais enseigne aussi à renoncer à un mode de vie impropre à la justice de Dieu, et c'est toujours de l'aspect adoptif de la grâce qu'il s'agit afin que là où la loi de l'interdit avait enseigné les croyants sans succès, celle de la liberté puisse le faire avec réussite et succès parce qu'elle parviendra à atteindre le cœur de l'homme selon que l'Eternel avait promis d'offrir à ce dernier un cœur et un esprit nouveau susceptibles de lui obéir et de se soumettre à sa volonté et tout cela repose sur la volonté souveraine de Dieu tout puissant et insondable, le seul qui peut tout, quand et comme il veut.

Il faut dire que cet état de chose s'impose comme connaissance indispensable au salut des croyants surtout ceux qui se réclament de la grande famille des serviteurs ou ministres de Dieu sans jamais savoir que la première dimension opérationnelle de la grâce sur laquelle nous avions suffisamment fourni de détails revêt un caractère purement trompeur, ce qui exige de ces derniers beaucoup d'humilité et de prise de conscience à l'égard des limites de cet aspect de la grâce qui n'a pas compétence à les réconcilier avec Dieu.

Cette dimension opérationnelle de la grâce pouvait être qualifiée de trompeuse par la conclusion de celui qui a été réputé détenteur de la plus grande sagesse humaine que la terre n'avait jamais enregistré de son existence et cela à cause du degré des révélations qui lui étaient données de connaître et d'en faire expression.

Il s'agira du roi Salomon et le verset suivant nous servra de preuve de témoignage.

<u>Réf bibliques : Proverbes : 31 V 30.</u>

La grâce est trompeuse, et la beauté est vaine ;

La femme qui craint l'Eternel est celle qui sera louée.

Le contenu du verset ci-dessus, loin d'être une allocution intellectuelle exclusive à la vie humaine comme le prétend bon nombre de ceux qui ont en partage les saintes écritures, était une révélation cachée aux yeux de ceux-là qui étaient considérés comme des adorateurs de Dieu selon le modèle de la chair et le mensonge sur lequel le seigneur Jésus viendra apporter la lumière par la manifestation de la vérité qu'il avait apportée et qui traduisait sa doctrine.

Le roi Salomon, malgré les riches conseils et enseignements qui avaient caractérisé ses écrits, avait conclu à la limite de sa sagesse que la grâce était trompeuse au point même de la comparer à la beauté laquelle sera jugée de veine.

En réalité, il faisait une allégorie entre la grâce et la beauté pour signifier qu'il s'agissait d'un pouvoir sur lequel l'homme ne devrait pas compter et cela en considération de ses expériences personnelles et des diverses connaissances qu'il avait à sa disposition.

Ce niveau de compréhension des choses, pouvait se découvrir à travers les différentes pages de ses récits et pouvait témoigner de l'importance et la nécessité de l'intervention de la dimension adoptive de la grâce la seule ayant le pouvoir de délivrer le cœur humain de la limitation à l'égard de la véritable et complète connaissance sur la personne de Dieu, l'expression du salut de l'âme de l'être humain.

Il faut souligner que nous avons encore beaucoup de choses à dire et à démontrer sur l'impact et les conséquences de la grâce divine, mais difficiles à expliquer à cause du niveau spirituel de plusieurs qui n'arrivent toujours pas consommer la nourriture solide de la parole de Dieu à cause de leur défaut de croissance laquelle sera certainement corrigée à partir de leur bonne disposition et disponibilité à s'intéresser aux riches révélations que regorgent nos différentes œuvres et cela pour le bonheur des uns et des autres, et ce sera sur ces mots que nous mettons un terme au développement du chapitre relatif aux différents types de la grâce.

Chapitre : 5

Incarnation divine de la grâce.

Ce chapitre de notre étude ne couvrira pas un grand nombre de pages comme ce fut le cas des précédents toutefois, nous offrira de présenter une image traduisant la personne de la grâce dans toute sa complexité et composition.

Qu'il nous souvienne qu'au commencement était la parole, et la parole était Dieu et allait se révéler à l'homme pour la première fois de son existence par des instructions précises et cela en des termes suivants :

Réf bibliques : Genèse : 2 V 16 - 17.

L'Eternel Dieu donna cet ordre à l'homme : Tu pourras manger de tous les arbres du jardin ;

Mais tu ne mangeras pas de l'arbre de la connaissance du bien et du mal, car le jour où tu en mangeras, tu mourras.

Ainsi, à partir du contenu des versets ci-dessus, nous avons le rappel de la Parole qui est Dieu ; Jésus-Christ ou le Saint-Esprit qui descendra dans la vie de l'homme en personne d'Adam dans le but d'asseoir une relation de serviteur et d'adorateur avec lui selon qu'il est écrit : Deux hommes peuvent-ils marcher sans en être convenus ?

Ce qui s'était révélé et se révélera toujours impossible et vouer à l'échec en considération de la liberté de chacune des parties engagées dans de telle relation.

L'Eternel Dieu, ayant voulu entreprendre une relation avec l'homme qu'il avait créé et placé dans le jardin d'Eden, allait mettre à la disposition de celui-ci, ce qu'il lui faudra connaître de lui pour s'assurer d'une crédible et durable relation et à l'abri des éventuels chocs extérieurs ou exogènes, et ce sera le contenu des instructions lesquelles traduisent toute sa personnalité juste et parfaite en tant que loi, qu'il faudra à l'homme en tant que second partenaire qui en réalité était dans la figure d'un nouveau-né et à qui s'imposent des informations susceptibles de lui offrir la garantie d'une bonne croissance aux côtés de celui de qui il n'avait absolument connaissance et qui de plus est son créateur.

Ces instructions en elles-mêmes revêteront deux aspects lesquels correspondent à la loi de la liberté et celle de l'interdit, communément appelées la grâce et la loi sur lesquels nous avions déjà suffisamment travaillé.

C'est le lieu de rappeler que ceux deux lois se complètent en sorte que l'une sans l'autre ne communique que sur une fausse image de Dieu et s'imposent comme les deux composants ou pieds de l'Eternel Dieu pour marcher avec l'homme.

Mais pour ce qui nous concerne, seule la loi de la liberté ou la grâce qui occupait la première position du contenu des instructions fera objet de notre étude dans ce chapitre, et sera caractérisée par le pardon, l'acceptation, la miséricorde et tout ce qui pouvait traduire le visage d'amour de la part de Dieu, et s'identifiera très tôt à travers la mort d'Abel et la peau d'agneau dont se servira l'Eternel Dieu pour couvrir la nudité de Adam et Eve après leur connaissance du péché.

Il faut rappeler que c'est pas elle qui avait été la cause de la chute de l'homme, mais plutôt la loi de l'interdit puisque c'est vers celle-ci que lucifer dans le rôle de diable et de Satan et sous la figure du serpent allait conduire l'homme pour s'assurer de sa chute et de sa rébellion contre Dieu le créateur et cela à cause du caractère intransigeant et inflexible de cette dernière.

Et puisque c'est la loi de l'interdit qui était la première à saisir la conscience de l'homme, l'Eternel Dieu décidera de lui soumettre l'homme et ainsi elle sera plutard promulguée pour lui servir d'enseignant et d'éducateur et cela pour plusieurs raisons dont nous ne seront en mesure de détailler de peur de sortir de notre cadre de développement.

Réf bibliques : Galates : 3 V 23 - 24.

Avant que la foi ne vint, nous étions enfermés sous la garde de la loi, en vue de la foi qui devait être révélée.

Ainsi la loi a été comme un pédagogue pour nous conduire à Christ, afin que nous fussions justifiés par la foi.

Toutefois, la loi de liberté ou grâce était aussi là dans une position officieuse et allait reprendre son rôle de couverture qu'elle avait commencé par jouer dès les premiers jours de la chute de l'homme sous la figure des habits de peau.

<u>Réf bibliques : Genèse : 3 V 21.</u>

L'Eternel Dieu fit à Adam et à sa femme Eve des habits de peau, et il les en revêtit.

Et comme moyen de couverture au profit de l'homme qui désormais était habité du péché et en conséquence mort dans son esprit et déconnecté de Dieu, elle perdura dans ce même rôle sous le nom de l'onction jusqu'à la phase de la promulgation de la loi de l'interdit pour préserver l'homme de la destruction totale à laquelle le diable tentait de l'amener et de l'extinction de toute la race humaine de la surface de la terre afin que celle-ci puisse tomber définitivement entre ses mains et de pouvoir établir son règne sur la terre comme il avait toujours voulu et y travaillait continuellement.

Ceux qui avaient servi sous l'ancienne alliance bénéficiaient de la grâce sans le savoir puisque qu'ils n'étaient pas enseignés sur elle et n'avaient même pas en ce moment le cœur en état d'appréhender une telle réalité spirituelle.

Il faut dire que cette loi dont la grâce est incompatible avec le péché pour une véritable relation, c'est pourquoi elle avait tout le temps évolué dans une position d'assistance à la loi de l'interdit dans le ministère sous tutelle de cette dernière baptisé du sacerdoce lévitique, ou le ministère de la mort et de la condamnation, ou le ministère de la repentance ou encore Moïse.

<u>Réf bibliques : Actes : 15 V 21 ; 2 Corinthiens : 3 V 7 - 9 ; Hébreux : 7 V 11</u>

Car, depuis bien des générations, Moïse a dans chaque ville des gens qui le prêchent, puisqu'on le lit tous les jours de sabbat dans les synagogues.

Or, si le ministère de la mort, gravé avec des lettres sur des pierres, a été glorieux, au point que les fils d'Israël ne pouvaient fixer les regards sur le visage de Moïse, à cause de la gloire de son visage, bien que cette gloire fut passagère...

Si le ministère de la condamnation a été glorieux,...

Si donc la perfection avait été possible par le sacerdoce lévitique, car c'est sur ce sacerdoce que repose la loi donnée au peuple...

Et c'est avec le contenu de ces versets ci-dessus que nous confirmons les quelques formules de désignation du ministère officiellement exercé sous la tutelle de la loi de l'interdit et sous l'assistance de celle de la liberté encore qualifiée de grâce et dans un premier temps, onction.

Mais à la fin des temps, et conformément au plan prophétique de l'Eternel Dieu, la grâce prendra pleinement corps pour descendre dans ce monde dans une chair semblable à celle du péché et cela par le sein d'une femme, non par une naissance biologique classique mais par l'œuvre du Saint-Esprit. On l'appelera du nom de Jésus et aura la lourde charge et responsabilité de manifester le Christ c'est à dire, l'oint de l'Eternel pour procéder à la réconciliation de l'homme déchu avec Dieu son créateur.

Le seigneur et sauveur Jésus-Christ sera ainsi l'incarnation divine de la grâce pour répondre à l'exigence de la loi de l'interdit communément appelée la loi pour connaître une mort par substitution aux pécheurs afin de les délivrer des différentes captivités de la mort, du péché et de la malédiction, et ce sera l'Evangile de Dieu pour la justification du pécheur.

Conclusion

Nous sommes très heureux et très honorés de pouvoir parvenir tant bien que mal à la conclusion de cette étude relative aux deux dimensions opérationnelles de la grâce de Dieu laquelle, s'impose comme connaissance indispensable à l'entretien d'une relation équilibrée avec le Seigneur.

Et pour rappel, nous avions suffisamment détaillé sur ce qui revient aux croyants de tous bords de connaître sur la grâce et son caractère complexe inimaginable. Ce qui allait nous imposer de remonter à la source historique de l'humanité au regard de la vision divine afin de pouvoir retracer le parcours élogieux de la grâce au service de l'homme dès les premiers jours de son existence jusqu'à l'heure de sa réconciliation avec son Dieu.

Nous avions dit beaucoup de choses, dont les plus importantes concernent le service et l'adoption lesquels constituent les deux composants de la grâce. L'un sera vu comme trompeur et nous avions pris le soin d'apporter plus de lumière afin d'éviter aux croyants de sombrer faute de saines connaissances.

Le composant qui à trait au service est communément appelé onction sur la tête ou l'esprit sur la chair tandis que le second est l'onction en l'homme ou l'adoption, laquelle se révélerait la plus importante, voir indispensable pour la vie éternelle.

Elle est communément appelée, la grâce ou la foi et sera plus connue sous la nouvelle alliance de Dieu avec les croyants.

Et enfin, nous nous félicitons d'avoir pu présenter les deux ailes ou dimensions opérationnelles de la grâce de Dieu lesquelles correspondent à l'onction pour exercer le ministère et l'adoption pour se réconcilier avec Dieu et hériter de lui le Saint-Esprit afin de devenir son fils.

Printed by Books on Demand GmbH, Norderstedt / Germany